88 89 90 91 92 5 4 3 2 1

Redaktion: Gisela Walter
Printed in Germany
ISBN 3-473-37704-X

Sabine Lohf

Ich mach was mit Knöpfen

Otto Maier Ravensburg

Knöpfe sortieren

1
2
3
4
5

Knöpfe färben

Wäscheknöpfe kannst du mit Wasserfarben, Filzstiften, Buntstiften und Textilfarben färben.

Ich mache einen ganzen Regenbogen aus Knöpfen!

Knöpfe aufkleben

Ich sehe alles mit meinen Knopf-augen!

Knopf-Ketten auffädeln

Oder die schönsten Knöpfe aus der Knopf-sammlung auf ein Lederband ziehen.

Knopfraupen

Wenn du groß bist, dann fange ich dich!

Schweinefamilie

Knöpfe annähen

Knopfbilder

Die Blätter sind aufgeklebt, die „Äpfel" angenäht.

Knopfblumen

ADEMAS EXTRA
Suerdieck S. A.

Knöpfe schnippen oder Flohspiel

10
25
50
25
10

Knopfmarionette

Knopf-Fahrzeuge

1 Stück Klorolle + 4 Knöpfe
= 1 Rennauto

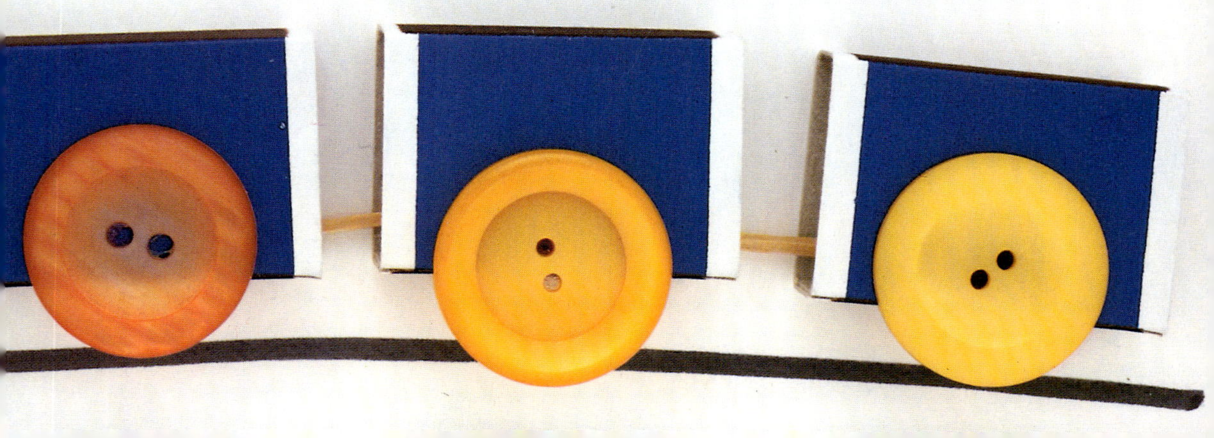